無意識はいつも君に語りかける

須藤元気

マガジンハウス

無意識はいつも君に語りかける

はじめに

僕は中学生のころから一〇年間ほど、ある本を活用していた。

それは古代中国の「易経《えききょう》」という知識を簡略化した本である。本家の易経の「卦《け》」を観る手法をコイン三枚に置き換えたもので、コインの裏表で「卦」を観るというもの。何かに迷ったり、問題があったときに、そのつど一〇〇円玉を三枚投げては何らかのヒントを得ていた。

例えば好きな女性ができて、この子に告白するべきか否かとか、友人と仲たがいをしてしまったがどのように対応すればいいのかなど、日常の些細な悩みや問題に活用していた。

この本で、僕がもっとも助けられたと思うのは、やはり自分の夢についてだろう。心密かにプロの格闘家になることを考え始めていた高校生の時、一度だけその方法で可能性を観てみた。

「僕はプロの格闘家を目指している。この選択は正しいだろうか。そして成功するだろうか」と……。

そのときに出た「卦」は、すべてはうまくいくというものだった。

その頃の総合格闘技界は、まだまだ身体の大きなヘビー級の人たちが主流の時代であり、テレビの放送などはもちろん無く、マスコミからもまるで注目されていなかった。そんななかで、僕のような身体の大きさでプロになり有名選手を目指すことは「火星に行って写真を撮ってくる」と言うのと同じくらいに無謀なことだったかもしれない。

「卦」の答えが上々でも、実際問題、厳しい練習や仲間との人間関係などで何度も挫折しかかった。そんなときには、易の本を取り出して、成功を約束してくれたページを読み直しては自らを鼓舞したものだ。

そのおかげもあってか、いろいろな障害を乗り越え、プロの格闘家としてのキャリアを手にしたように思っている。

こんな話をすると、コイン投げで人生を決めるなんてばかげている……と考える人もいるかもしれない。だが、コンピュータを使った「不完全性の定理」の実証研究で知られる数学者のチャイティンによれば、事の真偽を探るにはコイン投げが最良の方法だそうだ。

もちろん、チャイティンが語っているのは数論の証明の話だが、それは日常生活にも適用しうる真理を含んでいるように思う。量子論的にはつねに潜在可能性の上で揺れ動いているこの不可解な世界で、論理性だけで答えを得ようとするのには限界があることを暗示していると僕は理解している。

日常生活でも同様だ。僕が中学生の頃は、もちろんこんなことはまったく知らなかったが、自分のなかにある何かがこの易経というものを頑《かたく》なに信じていた。今から思うと無意識の力を信じていた自分に感謝したい。

本書では、僕がこれまで様々な機会に使ってきたキーワードを七十集め、それぞれについて思いつくままに語っている。隠されたテーマはひとつ。この世界があなたの投影物であり、幸福になるのも不幸になるのもあなた次第であるということだ。本書ではこのことについてさまざまなアプローチから繰り返し語っている。最初から読んでもらってもいいし、一〇〇円玉を振るまでもないが自分の問題を心に浮かべ、ランダムにどこかのページを開いてもらってもかまわない。

きっとそのときのあなたに届く答えが、そこに書いてあると思う。なぜならそれはあなたの無意識あるいは高次意識が、あなたに語りかけたいメッセージであるかもしれないからだ。

そう、いつだって無意識はあなたに語りかけている。

カバー案　須藤元気
ブックデザイン　鈴木成一デザイン室

無意識はいつも君に語りかける

8

捉え方（内側）を

変えると世界が変わる。

もしかしたらあなたは、こんなふうに考えているのではないだろうか。現実は重苦しく、自分だけの力ではどうにもならないことばかりだ……と。だが、どうだろう、もしあなたが体験している現実が実体のない映画のようなものだとしたら。

現代物理学の重鎮レオナルド・サスキンド氏は、現代物理学のもっとも奇妙な発見のひとつとして、この世界が一種のホログラフィック画像であると語っている。ある意味、ひとつの映画なのだ。だとしたら、人生をそんなに深刻に考えず、気楽に今という瞬間を楽しめばいいではないか。そうすれば、あなたを囲む現実も軽やかになってくるに違いない。

今、外は雨が降っているとする。雨は嫌だなと捉えるか、結構なお湿りだと捉えるか。あなたはどちらを選択するだろうか。捉え方を変えれば恵みの雨に変化する。

愛は力を与え、

不安は力を浪費する。

愛は植物を育てることに似ている。

適度に光があたる場所に鉢を置き、ほどほどに水を与え、毎日話しかける。それだけで美しい花が咲き、甘い香りが部屋にひろがっていく。光が足りないのではないかと陽に当てすぎたり、水が足りないのではないかと水浸しにしたり、咲かないかもしれないという不安の視線を投げ続ければ、やがてすべての努力は無に帰して植物は花を開く前に枯れるだろう。

愛とは信頼。愛とはほどよい距離。

不安は猜疑心《さいぎしん》。不安は支配欲。

愛を支配や所有で置き替えることはできない。

そこにあるものを愛するのではなく、そこにあることを愛してはどうだろうか。

幸福のポイントは、
意識内の対話をやめること。

それがすべての鍵である。

今この瞬間、あなたの意識の内側では何のおしゃべりをしているのだろうか。

この本の値段と内容について論じているのか、それとも他の本との内容の関連について疑問を述べているのだろうか。

あなただけでなく、誰もが頭のなかで途切れることなく、とりとめもないおしゃべりを続けている。

おしゃべり、つまり内的対話のどこが悪いのか？

それは、あなたが内的なおしゃべりをしているとき、あなたを幸福に導く高次意識の大切なアドバイスに気付きにくいからだ。あなたが意識の内側に静寂を創り出したとき、あなたは幸福への鍵を手に入れたに等しい。そうしたら、あとは鍵を開けるだけだ。

14

噂話をやめると、様々なことがポジティブに

捉えられるようになる。

人が何人か集まれば、必ず始まるのが友人、知人、同僚や上司の噂話だ。それは、ほとんどの場合、単なる消息情報の交換にとどまらず、勝手な憶測と一方的な価値判断にもとづいたこき下ろしであることが避けられない。

なぜなのか？

気付かなければならない。それはあなたのなかにあって、日々の生活で決して満たされることのない自己愛の悲鳴だということに。

あなたが人を価値判断するとき、それは鏡に向かって自分の欠陥をあげつらっているのに似ている。なぜなら、あなたが関わる人々はすべて、否応もなくあなたのなかに潜むあなたの別の側面だからである。

鏡に向かって微笑みかければ、鏡のなかのあなたも微笑み返してくれることを思い出そう。

16

人間の魅力は、
自分自身を

解放すればするほど深まっていく。

心理学者アーサー・ヤノフ博士によれば、幼年期の拒絶された愛の記憶は人の一生につきまとうという。それが人の心に恐れと緊張を生み出し、その人本来の伸び伸びとした個性を抑圧することになるらしい。

人は本来、個性という宝物をひとつずつ持ってこの世界に生まれ出たはずなのに、いつのまにか自分らしさを見失い、学校や家庭や職場で求められる偽りの自己像に合わせ、そしてつまらない自分になってしまう。

あなたがつまらなければ、友達だって仕事だってつまらないに決まっている。まずあなたがあなたらしく、魅力的にならなければ始まらない。子供のときのラジオ体操のように純粋な気持ちで、心のストレッチを始めてはどうだろうか。

他者の利益は
自分の利益を生み、

調和は調和を生む。

この世界では、すべてが毎瞬毎秒響き合っている。人と人との関係にも、同じことが言える。

たとえば、あなたが幸せな気分になると、僕も幸せになる。

あなたが誰かの幸せに心から喜びを感じるとき、僕もそんなあなたのおかげでさらに幸せになる。

その誰かがあなたの家族や友人であってももちろん僕も幸せだが、あなたが見ず知らずの人の幸せを心から喜ぶのであれば、僕はもっともっと幸せになる。

あなたの心の内側から不安や恐れや怒りが立ち去ったとき、あなたは通りすがりの誰にでも深い愛と共感を抱くはずだ。

その発信源はあなたからであり、僕からである。鶏が先か、卵が先か、どちらにしても調和は調和を生み、愛は愛を呼ぶ。

20

楽しむことが

成功への一番の近道である。

嫌々やる勉強や仕事のなんと重苦しく、時間の長いことか。それに比べて、あなたが楽しみにワクワクしながらすることの、羽毛のような軽やかさと、時間の過ぎ去るスピードの速さ。

人生を上手に渡ることなどある意味、簡単なのだ。

あなたが心から楽しめる勉強や仕事を選び、そこに全力を傾注《けいちゅう》するだけでいい。誰が作ったのか、いったい何の意味があるのかもわからない借りモノの人生ストーリーに参加して楽しいわけがないではないか。

あなたの人生には、あなただけの楽しみがあるべきなのだ。そう、T・E・ロレンスが言い放ったように、幸福とは熱中なのだ。

未来の不幸を
予想して落ち込むより、

今手元にある
充実を楽しもう。

あなたは今という瞬間に喜びを感じているだろうか。

もしそうでないとすれば、あなたは一年先、一〇年先をあれこれ考えて、不安の先取りをしているかもしれない。すべての未来は今という瞬間に内包された「苗《なえ》」であり、今という瞬間が豊かでなければ当然ながら未来は色あせて、あなたの生きるパワーを削いでしまうに決まっている。

喜びに満ちた未来を望むなら、今という未来の苗床《なえどこ》を豊かで活力に満ちたものにするべきだ。僕らは、過去も未来も生きられないはず。喜びに満ちあふれて毎瞬毎秒という「今」を過ごすあなたは美しくなる。

表面的な記号の違いに
惑わされていては、

歴史の真実は見えない。

あなたはいつも、どこかで誰かが発した言語を現実だと思って受け入れている。でも、本当はこの世界の真実を記号に置き換えることなどできないことは、あなたも知っているはずだ。

そう、あなたが仕事で交換する名刺の肩書きで、その人の人生の真実を理解できないのと同じである。

あなたが新聞やテレビや雑誌で知る出来事や有名人の人となりも、じつは記号化された幻想の一部にすぎない。あなたがもし人間や歴史の真実を知りたいと思うなら、頭のなかのおしゃべりを止め、知りたいと思う出来事や人物に深く想いを集めてみるべきだ。すべてはそこから始まる。

僕らはこの世界を

眺めているにすぎない。

呪術師ドン・ファンに弟子入りした人類学者、カルロス・カスタネダは、師匠とともに多くの時間をソノラ砂漠で過ごした。そして、この世界のリアリティについて、こう教わった。この世界は知覚による解釈の果てしない連続だ……と。

そう、僕らはこの世界に巻き込まれているようで、じつは毎瞬毎秒解釈を続けているだけ……。見たものを〝解釈〟し、あれは良いとかあれは悪いとかの価値判断をし、それをあなたが言葉に置き換えるとき、あなたを巡る現実はその解釈のとおりに姿を定着させる。

あなたが決まりきった日常にうんざりしているのなら、試しに頭のなかの果てしない〝解釈〟というおしゃべりを止めてみるといい。その静寂のなかに、あなたが見失っていた何かを見つけられるかもしれない。それは人が呼吸をするのと同じくらい当たり前に、あなたの近くに隠れているだろう。

チャンスをつかまえる
ポイントは、

思い立ったときに行動することである。

仕事でも恋愛でも、なにかすごくうまくいった出来事を思い返すと、それは例外なく自分が思いついてから実行に移すまでが素早く、行動に移った瞬間には何も迷いがないときだ。

その行動に移る瞬間に、自分のなかの何かがチャンス到来を囁《ささや》いていることがわかる。僕はそれを精霊の囁きと呼んでいる。

あなたという日常意識は、もうひとつ上のレベルにある無意識によって見守られている。その無意識は、あなたの人生を充実と喜びへと導くために、ここ一番のチャンスの到来を囁いてくれるのだが、その声はじつに小さくて、じっと心を澄ましていないと聞こえない。聞こえたらすぐ行動に移そう。それがあなたのチャンスなのだから。

30

ダイエットの本を読んだだけで
やせた人はいない。

誰かの成功アプローチは必ずしもあなたの成功には役立たない。

人生には大きな誤解がいくつもあると思う。だが、一番大きな誤解は、他人の人生アプローチを真似て同じことをすれば、自分も同じ成果が得られるかもしれないという期待だ。

この地球上には、いまや七〇億人に迫る人間が生きている。だが、誰一人として他人と同じ人生ストーリーを持った人はいないはずだ。もしみな同じストーリーであるならば、七〇億人もこの地上世界に生きる意味がないではないか。

あなたの人生の成功には、あなただけのアプローチとスキルが重要なのだ。他人の真似だけをして遠回りをするより、あなたらしいアプローチで最短距離を走ってみてはどうだろうか。

自分を
好きになるということは、

他人に優しい自分に出会うということ。

この三次元の物理世界に生まれた僕たちは、一人の例外なく自分探しの旅を続けている。それは、目新しい才能の物語や自分の前世の物語を探すということではなく、今の自分のなかにあり、直視を避けている真実の自分を受け入れるということだろう。

見たくない自分、受け入れたくない自分を見つめ受け入れたとき、あなたは自分探しの旅の半分は終えたことになる。そのとき、あなたは自分が心から好きになり、周囲の人々に深い思いやりの気持ちを抱くことになるだろう。なぜなら、あなたと関わり合う周囲の人々はすべて、あなたの真実の姿を映す鏡だからである。

鏡のなかのあなたを真っ先に愛せるのは、それを誰よりも早く見ることが出来るあなた自身に他ならない。

難しいと考えた瞬間、

それは本当に難しくなる。

あなたは学校で繰り返し、繰り返し、頭のなかで考えていることと客観的現実とは何の関わりもないと教えられてきたはずではないだろうか。

しかし、学校や家庭で当然のように教えられていたその世界観は、じつに一九三〇年代にはすでに量子力学の世界で否定されていたことを、僕らは最近になって知った。冷蔵庫に入れ忘れていたガトーショコラのように硬いものだと思っていたこの現実世界は、じつは僕ら一人ひとりの意識とともに毎瞬毎秒変化しているのだ。

だから、あなたが何かの問題の解決を難しいと考えた瞬間、その問題は本当に難しくなってあなたに向かってくる。あなたが脳裏に描き、言葉にするイメージ次第で、現実は重くも軽くもなる。

未来を楽しむ
イメージトレーニングをすることで、

本物の未来も楽しくなっていく。

どうしたら未来の自分が幸福になれるのか、辛い思いをしないように、損をしないようにと、あなたは何百回も何千回もその道筋をシミュレーションしているだろう。

しかし、そうこうするうちに、あなたはたいてい計算外の不満に満ちた〝未来〟に直面することになる。なぜなら、あなたにとって大切な未来は、じつは今という瞬間のあなたのイマジネーションに含まれているからだ。不安や不満の想いに浸って今を過ごせば、間違いなくあなたは注文どおりのネガティブな未来に直面する。今という瞬間を大いに楽しもうではないか。

楽しい未来の想像図を描けば、間違いなく楽しい未来はあなたにやってくる。

何が真実で、
何が真実ではないのかは、

その人のストーリーであり、ひとつの解釈にすぎない。

河の流れのように変転するこの世界に、究極の手堅い真実などはないのではないか。

そこにあるのは、今というこの時間、この場所であなたと共有する合意だけである。当然、この合意に参加しない人にとっては、あなたの主張する手堅い真実も、数ある意見のひとつにすぎない。

そう、真実とは共有の合意をした人たちの間だけの移ろいやすい幻の一種なのかもしれない。だからこそ、あなたはあなただけの真実に従って全力を尽くせばいいではないか。他人の評価を気にして、意に沿わないふるまいに気を配ることはない。

あなたの自伝はあなた自身にしか書けないのだから。

光は闇を背景にして際立ち、

闇は光を分離することでさらに闇を深める。

この宇宙の究極原理が、光と影、あるいは陰と陽の二極構造だという説は古くから伝わっている。

もちろん、現代の物理学もまた同様に、世界の成り立ちをプラスとマイナスの電荷、あるいは左右のスピンの違いとして説明する。この宇宙がビッグバンで始まったとすれば、その一部である人間の心的営為《しんてきえいい》もまた、陰と陽の両極性を備えることは当然の成り行きだと思う。

深い闇と、希望の光。その両方が僕らのなかに棲《す》む。

問題は、日々の生活の毎瞬毎秒にそのどちらを選択するかである。

光を際立たせるか、闇を深めるか、選択権はつねにあなたのなかにあるのだ。

発言した言葉のエネルギーは
波紋のようにひろがり、

やがては自分に返ってくる。

一瞬の感情の高ぶりにまかせて、両親や友達、あるいは恋人に刺々《とげとげ》しい言葉を投げかけてしまったことが誰にでもあるだろう。

そのときは感情のエネルギーを発散することで一種の解放感を味わうことができる。しかし、次の瞬間、自己嫌悪で落ち込むのが常だ。だが、本当のダメージはしばらく時間を置いてやってくる。あなたが投げかけた刺々しい言葉は、苛立ちのエネルギーとなって人と人の心の間で跳ね返り、今度はあなたが刺々しい言葉を思わぬ方向の誰かから投げつけられることになる。

感情エネルギー保存の法則。自分の持っているエネルギーを大切に使ってみてはどうだろうか。

人の感性はそれぞれであり、
他人が知覚した世界に

批判はいらない。

この現実世界についての大きな誤解。そのひとつが、この社会、この地上に棲むすべての人間は、多少の違いはあるものの、おおよそ自分と同じ「今」という現実をみているに違いないという思いこみだ。それが、同じ地域、同じ家族、同じ学校、あるいは同じ会社にいる友人知人同士ならなおさらだと思う。

だが、それは大きな勘違いだ。

量子力学の世界の多世界解釈と似て、この現実では、一人ひとりが見ている世界には無限のバリエーションがある。もっといえば、一人ひとりがみている世界はかなり違う、というか、まったく違う。同じゴルフをプレーする人でも、ドライバーを持っている人とパターを持っている人では、フォーカスしている世界が違うだろう。

無条件に合意されたひとつの真実というものは幻想にすぎない。

価値がないと
思われるものでも、

宝に変わることは
数多く存在する。

たとえば、雨が降れば傘の価値は上がり、晴れが続けば価値が下がるように、この現実世界での「価値」というものは宿命的に相対的であることから免れない。

人生における価値も同様だ。誰が定めたのかも明らかでない世間の価値基準に一喜一憂したところで、あなたが得るものは少ない。むしろ、昨今では世間での評価が低くなってしまった愚直《ぐちょく》さとか善意とかをあなたが大切に保存しているとすれば、やがて人類の宝として高い評価を得ることになるだろう。

与えれば、

得られる。

与えれば得られるなんてあたりまえ。あなたはそういいながら、自分が愛を注ぎ込むことよりも自分が愛されないことばかりに不満を抱いていないだろうか。

この宇宙を一台の巨大なコンピュータとして考える説もあるが、僕はこの世界を巨大な愛の貯金箱として考えるのが好きだ。あなたが惜しみなく愛を投入さえすれば、やがてそれは予想もしないカタチで必ずあなたのもとに返ってくる。なぜなら、この現実はあらゆる局面で、自分とは異なる何かと影響し合っているからだ。

家の猫に愛を注ぎ込んだあなたが、やがて近所の野良犬からの惜しみない愛で満たされるかもしれない。たとえるならば、そういうことだ。

何かのモノや人に執着しすぎると、

人生は楽しくなくなる。

人間は誰でも、普通に生きていくだけでどこか心細いと感じるところがある。だから一生懸命買い物をしたりしてモノを集め、モノを所有することで生きているという手がかりを確かなものにしようと頑張るのではないだろうか。

人間関係もそうだ。つねに自分を支えてくれそうな人を探し求め、その人に嫌われないようについ頑張ってしまうあなたがいる。この人生を巨大なゲレンデのようなものと考えるなら、気持ちよく滑るには余計な荷物は持たないほうがいい。いつも誰かの後についてまわるよりは自分の滑りに集中したほうが楽しくはないだろうか。

新しい発想は、

たいてい常識のワクの外にある。

僕らの世界は人間同士の暗黙の合意や約束によってできている。

恋人同士の合意やグループ内の合意、会社内の合意や地域社会の合意など、いろいろなレベルの大小の合意が大きな織物のようになって、今という時代を形作っているのだ。

合意単位のなかでは深刻で重苦しい約束事も、ちょっと思考のワクを外に拡げてみれば、それに拘束されていた自分が小さく見える。だから、もしあなたが人生に行き詰まったと感じたときには、遠慮なく合意という常識の外に出てみるといい。案外人生が軽やかなものであることにあなたも気づくはずだ。

どんなに賢いアリも、巣の外に出てみなければ、自分という存在のちっぽけさに気づくことはない。

同じ時間を費やすならば、
効率よく「物質」を
生み出すよりも、

効率よく「幸福」を生み出すべきである。

幸福は物質的な達成に比例するのか。もちろんそれはＮＯだ。

それでは、幸福は物質に依存しないのか。もちろんそれもＮＯだ。

それでは、物質は時間に依存しないのか。その答えもＮＯだ。

それでは、幸福は時間に依存するのか。もちろんその答えもＮＯだ。

物質は時間とともに生まれ、時間とともに消えていく。だが、幸福は時間とともに生まれるが、時間に依存しない永遠の価値を持つ。

あなたが賢明な人生を過ごしたいと望むなら、執着すべきは物質ではなく、幸福の体験であることに気づくべきではないだろうか。

幸せな時間は、どんなに高価なダイヤモンドよりも輝いている。

56

人を批評すれば自分も批評される。

人を裁けば自分も裁かれる。

もしかしたらあなたは毎日のように家族や友人、知人、同僚や上司を批評し、なされるべきこととなされてはならないことを断罪しているかもしれない。

もしそれであなたが苛立《いらだ》ちや不満を発散し笑顔になるのなら、それはそれで良いと思う。でも、ひとつだけ忘れないでほしいことがある。あなたの五感を通して見ている家族や、友人、知人、同僚、上司の苛立たしい癖や腹立たしい言動は、すべてあなたという存在の奥深くに隠されている別のあなたが映し出されているのだということを。

あなたの誰かに対する苛立ちは、あなたのなかで統合を待っている別のあなた自身の悲鳴ではないだろうか。

最終的に人が必要とするのは、

知恵ではなく
覚悟かもしれない。

知識が、文字や映像や音として得る記号情報だとすれば、知恵は知識を介せずに得られる直接的な知ということになるのだろうか。食べて寝て起きてという日々の生活では、知識よりも知恵が大きな力を発揮しているように思う。

伝統芸能や伝統技術、武道の世界で、弟子が師匠から盗む技も、この知恵に近いものだろう。つまり、言葉にはできない高度な情報、それが知恵ということか。だが、その有り難い知恵も実行に移すというあなたの覚悟がなければ決して実を結ぶことはないだろう。

勇気を持って大胆に行動すればおのずと結果はついてくるはずだ。

美はあらゆるところに

宿るのだろう。

地平線に沈む太陽。風に舞う枯葉。静かに降り積もる雪。この地上のすべてに美は宿っている。もちろん人間も。だからといって鏡をのぞき込み、意気消沈することはない。

人間の美にとって、その身体の美は美のほんの一部でしかないだろう。この世界に生まれて、生きて、そして死んでいく、その全行程が人間の美のスケールだ。そう考えれば、身体的な美のなんと儚《はかな》いことか。

もし、魂という、僕らの時代では社会的に理解されにくい領域にまで美を追い求めるとすれば、あらゆる魂に美は宿っている。というよりも、すべての魂は美の源泉に違いない。そう、すべてのものは美しい。

言葉を捨てることにより、

明瞭な答えを得られることもある。

あなたは言葉によってこの世界を体験している。あなたに向かって発せられた言葉や、あなたが発した言葉で喜んだり悲しんだり怒ったり、ジェットコースターのように想いが上下する毎日を過ごしているのではないだろうか。

内的な言葉であっても、声に出した言葉であっても、書いた言葉であっても、あなたはつねにこの現実を言葉によって構成し体験しているのだ。

でも、とても大切なことをひとつだけ覚えておいてほしい。それは、あなたが本当は言葉を介さなくてもこの世界を直接感じ取ることができるということを。本当に大切なフィーリングは言葉に置き換える必要などはない。そう、沈黙は場を制す。

ときにより、
物事を成し遂げる
スピードというものは

質と同じくらい
大切である。

あなたは今何を成し遂げたいと思っているのだろうか。仲違いをした友達との関係を修復したいと考えているのだろうか。それともどこか行ってみたい場所があるのだろうか。

いずれにしても、あなたがこの世界で何かを具体化したいと思うとき、そのエネルギー源はあなたのイマジネーションと感情の力なのだ。だから、やりたいことがあれば、頭のなかのイメージが薄れないうちに、そして盛り上がった気持ちがトーンダウンしないうち行動に移るというスピード感を大切にするべきではないだろうか。具体的に思い浮かべ行動すれば実現するタイミングも早くなる。

自分の不完全さを受け入れると、
それはコンプレックスではなく

個性となり、人間としての魅力も増す。

あなたはいつも自分に不満を抱いていないだろうか。たとえ人もうらやむ容姿に恵まれていたとしても、髪の毛の色が気に入らないとか、指先の形が嫌いとか、実は毛深いとか、なにかしらコンプレックスを抱いているものだ。

完全無欠である必要などどこにもない。全員が完全無欠ならクローン人間の集団のようではないか。有機栽培の野菜のように、みんな少しずつ歪《いびつ》だったりするところに個性というこの世の味わいが生まれるのだ。

まっすぐな道を延々と歩いていてもつまらなくはないだろうか。

そう、世界は

68

謎と神秘に満ちている。

いつものあなたなら、まるで気にもとめない遠く離れた見知らぬ国での災害や紛争も、もしそこにひとりでも友人や知人がいれば、他人事として見過ごすことはできないだろう。

ところが、人と人の階層ネットワーク構造を、コンピュータを使って解明した最近の研究によれば、あなたに六人の知り合いがいれば、辿りに辿っていくと、最終的には地球上の六〇億を超える人すべてと知り合いであるという。

世界の謎と神秘は、人と人の関わりにも隠されている。

この世界に
偶然など存在しない。

それを望んだ
あなたがいるだけだ。

一九五〇年代にカール・グスタフ・ユングが、物理学者ヴォルフガンク・パウリとの共筆『自然現象と心の構造』で、初めて共時性という概念を定義した。

そう、それはあなたが会いたいと熱望していた人と、ある日〝偶然〟に駅の雑踏でぶつかり合う、そんな現象のことだ。あるいは、あなたがある人のことを二度と顔も見たくないと思った途端、繁華街の交差点ですれ違ってしまう。そんな〝偶然〟でもある。

この物理現象にはポジティブとネガティブの二相ある。どちらを選ぶかはあなた次第だ。

愛について
ひとつ定義するとすれば

「愛とは駆け引きをしない」ということ。

この世界では愛というものは誤解されがちである。

愛を相手の人格に対する自分自身の支配欲や所有欲と勘違いしていることに、ほとんどの人が気づかないままだからだ。相手を支配し操作するために、あれこれ駆け引きをしたり、取引をすることは愛ではない。愛は支配とも所有とも関係がないのだ。

物質的な実体のない利他の精神運動エネルギーだからこそ、心に愛を育むあなたの存在の周波数を高め、あなたの愛の相手をも高めることができるのではないのだろうか。

あなたには深く愛している人がいるだろうか。家族でも友達でも……。愛のある人は美しい。

真実は、

自分が変われば違う知覚が広がる。

あなたが日々の生活で不幸を感じたとき、その犯人として家族や友人、知人、上司や同僚の顔を順に思い浮かべているときはないだろうか。だが、あなたが日々関わる人々に苛立ちや怒りを感じるとき、その人々はあなたの心のなかで受け入れられることを待っているあなた自身の一面を映し出しているにすぎない。

自分で自分を不快にするなんてあり得ない……と、あなたは受け入れに抵抗するかもしれないが、問題の解決は簡単だ。あなたが自分を受け入れれば、周囲の人々も別人のように変わる。

成功は人のおかげ、
失敗したときは自分のせい。

そう考えていれば人間関係もうまくいき、心も軽やかでいられる。

人間の感情のスペクトルは、恨みや憎しみなどのネガティブなものから、愛や感謝のようなポジティブなものまで幅広く波打っている。もちろん、僕らの成功を導く感情のエネルギーはポジティブなそれだ。

あなたが人生を軽やかに過ごしたいと願うなら、いつも愛と感謝の気持ちで人と接すると良い。そうすればすべてうまくいく。つねに周囲の人々と、空と大地とに感謝の気持ちを抱き続けるなら、やがてあなたは自分自身にも畏敬の念を持つことができる。

他者の価値観に合わせて
生きるのではなく、

自分の価値観で生きる。

あなたは自分の一挙一動を、毎瞬毎秒誰かと比較して価値判断しているのではないだろうか。

子供の頃はそれが兄弟姉妹同士であったり、近所の子供たちであったりするが、いつのまにかその誰かは雑誌やＴＶに登場する誰かに置き換わっていく。実のところ、その〝誰か〟は誰かによって作られた実在しない〝誰か〟であるのに……。

そう、あなたはいつも、実体のない誰かの人生観やライフスタイルを真似しようと膨大なエネルギーを費やしている。衣食住のスタイルは地域や時代に規制されるのは仕方ないとしても、自分の意識の在り方まで誰かの真似をする必要などはどこにもない。少なくとも僕はそう考えている。

「私が」幸せになるのではなく、
「私たちが」幸せになる。

80

いつもそう考えて行動していると大きな成功がやってくる。

人生を軽やかに渡るには、意識を高く保てば良い。

僕は日常生活のなかで人間の意識がもっとも高く到達する瞬間は、利他意識なのではないかと思っている。そう、エゴを捨て、他人を思いやる気持ちだ。あなたの周囲を見回してみてほしい。いつも自分の要求ばかりを口にする人に、あなたは気持ちを全開にすることができるだろうか？

利他の周波数の人の周囲には、同じく利他の人が集まる。そのとき、あなたの人生は軽やかに動き出す。成功の秘訣とは、つまりそういうことだろう。

未来の幸福の必要条件ばかりを
あげつらっていると、

今を充実させることはできない。

幸福というものについて考えるとき、僕はいつも大きくて美しい蝶々を思い浮かべる。

明るい日差しのなか、蝶はゆったりと羽ばたいて、咲き誇る花から花へと飛び回る。幸福という蝶々を招き寄せたければ、あなたという花は、今という瞬間に美しく咲き誇っていなければならない。いくらあなたが、幸福を招き入れるための道具立てやスケジュールにあれこれ思惑を巡らし、周到な準備をしていても、幸福の蝶は今という瞬間に咲く花を探し求めて気ままに飛び去ってしまう。

つまり、大切なのは、今、あなたがどれほど美しく輝き、可能性の花を大きく開いているか、なのだろう。

頭で損得を考えず、
シンクロのサインと

感情に従って行動すればきっとうまくいく。

どのようなジャンルであっても、その世界で一流といわれる人はみな例外なく自分の思考の外側からやってくる囁きに耳を澄ますという習慣を持っている。

通常の打算に満ちた日常思考はベータ波のノイズの海であり、内的な静寂に到達したアルファ波の状態でわき上がってくる囁きこそが大きな可能性を導くアドバイスなのだ。あなたがその囁きに忠実に行動すれば、気分は高揚し、身辺には楽しいシンクロ現象が頻発してくる。それが、あなたにとって、物事がうまく動き始めた兆候なのだ。ノイズを消して耳を澄ませば何かが、聞こえる。

完全性を証明する命題は

つねに不完全である。

偉大な数学者、クルト・ゲーデルは一九三一年にそう言った。

この定理は、人生にもそのままあてはまると思う。たとえば、理想のパートナーを捜し求めるあなたが、考え、計算し尽くした理想の条件にぴったり適《かな》う完全な相手にある日出会い、無事結婚したとする。確かに何百回も暗唱した理想のパートナーのチェック項目はすべて満たされ、完全無欠のはずなのに、やがてあなたは足りない何かに焦燥《しょうそう》を感じるはずだ。

そう、あなたが究極の答えだと思った理想のパートナー像は、身近に接するうちに不完全な普通の人であることに気づく。

この現実世界では、愛も理想も、完全なものなど何もない。

その不完全さを愛することがある意味、完全にさせるのだろう。

とりまく環境に
不満があったら、

周囲の人を変えようとせず、まず自分を変えること。

問題の解決。そう聞くと、あなたはきっと意識を外に向けてエネルギッシュに身体もろとも動き出そうとするだろう。だが、あなたが見て体験する人生というリアリティが、じつはあなたの意識の投影物であることを知ったら、あなたはどうするのだろう。そう、じつはこの現実世界は、あなたの意識の内側にあるイメージと量子レベルで呼応する一種のホログラムなのだ。

だから、もしあなたが今、問題を抱えているとしたら、自分の心のレンズを点検してみると良い。あなたが直面する問題が、じつはあなたに端《たん》を発していることに気づくはずだ。

自分が変われば、周囲が変わる。

ネガティブな行いをする人がいたら、
その人を反面教師にして、

心のなかで「教えてくれてありがとう」という。

この物理現実はすべて波動としてのエネルギーでできている。その起点は意識そのものだ。共時性の原理に示されているように、見ているすべての現実は僕らの意識と結びついている。意識が、僕らの体験する現実の質を左右するといったら良いだろうか。

考えるに、人間の意識のなかで波動が高い状態は、愛と感謝の気持ちなのだ。だから、ネガティブな行いには感謝の言葉と気持ちで応える。そうすれば、僕らの意識の波動はより高い状態へと浄化される。自分に関わる全てに、ありがとう。

あなたの周囲の人々は、

あなた自身の「在り方」を映し出す鏡。

わかるものなら自分の前世が何であったのか知りたいと、誰しもが考える。

ただ、問題は前世がひとつだけではないということだろう。誰にでも無数にある。まさしくそれは量子力学の多世界解釈に準じたものなのだ。だが、今生であなたが深く関わりがある前世を知りたければ、ひとつ方法がある。それは、あなたの周囲にいる人々だ。両親であったり、姉妹であったり、友人であったり、上司であったり、あなたがなんらかの避けがたい関わりがあり、なおかつ多くの場合はあなたが快く思えない人たちだ。その人々の不快な言動や態度、人生観こそが、あなたが前世から引き継いでいる転生のテーマを映し出しているのだ。

人間の決定的な過ちとは、
お互いをまったく意識せずに

それぞれの人生を生きていると
思いこんでいることだろう。

人間を含むこの地上世界に存在するすべての生命は、共通のＤＮＡ基盤を共有している。バクテリアから植物、動物すべてだ。

生物学者ジェレミー・ナービーはＤＮＡによって記憶が伝搬するという仮説を提唱している。それによれば人間を含むこの地上のすべての生命は原初の記憶を共有しているファミリーということになる。量子力学の非局在性の話と重ね合わせると、分子レベルから量子レベルまで、すべての生命、すべての人間は、人生のすべての局面で互いに密接に関わり合っていると考えても差し支えないだろう。

だから、もし孤独感を感じたら思い出してほしい。一人きりの人生など存在しない、と。

力を抜くことができれば、

いざというときの瞬発力も手に入れやすくなる。

スポーツでも仕事でも、ここ一番の瞬間にリラックスできているかどうかは成否の分かれ目だ。

だが、あなたの経験では眠ろうと努力すると眠れないように、リラックスしようとすればするほど緊張が高まるのではないだろうか。そう、リラックスは考えるものではなく体感するものだからだ。

リラックスしているときのあなたの脳はアルファ波が支配する。緊張しているときはベータ波が中心になる。アルファ波は、あれこれ考える内的対話、つまり一人おしゃべりを止めたときに溢れ出すが、それには瞑想《めいそう》という日常トレーニングが必要になる。

瞑想は抽象的な精神論ではなく、スポーツと同じ習熟する技術なのだ。

大事なことほど

自分が楽しむことを意識すれば うまくいく。

仕事が何であれ、あなたが社会人として生きていこうとするとき、自分の能力を証明しなければならない場面というものに必ず何度か出会うことになるだろう。

そんな難しい局面でも難なくこなし、楽々と人生を渡っていくように見える人の秘訣は、他人に良いところを見せようとするのではなく、自分がそのプレッシャーを楽しもうという気持ちで仕事をする人なのだと思う。

仕事を心から楽しむとき、あなたはエネルギーとインスピレーションがわき上がり、すべてがうまく運ぶことになる。

100

誰かのためではなく
自分のために生きること。

それが「独創性」につながる。

この物理現実はじつに不思議な世界だ。三次元の時間枠の外から見ると僕らは多くの人生を同時に生きているということらしい。

何のために？

もちろん様々な人生物語のバリエーションを試すためだ。ところが、ひとつひとつの人生では、誰でも独創性に溢れた人生ストーリーを演じるはずなのに、いつのまにか自分らしさを見失って自信をなくしてしまう。それは、あなたが自分を信じることを止めて、自分以外の誰かにチカラを預けてしまうからだ。

あなたの人生はあなたが主役なのだから、誰かにまかせるのではなく、最後まで自信を持ってあなたがあなたを演じきるべきではないか。主役として堂々と振舞えば、幕が降りるその時に、大勢のスタンディングオベーションが聞こえてくるだろう。

この世界では、
自分の投影する
意識の周波数が

ブーメランのように
そのまま自分に返ってくる。
だから、愛と感謝が大切である。

あなたは何かに困っている人をみかけたとき、親切にしているだろうか。ひょっとして、そんなときにあなたは内心こんなふうに考えてはいないだろうか。「知人でも友達でもない人に親切にしたところで、自分には何の見返りもないよ」と。

だとしたら、今この瞬間から考えを変えてみてほしい。

この世界は巨大な愛の貯金箱なのだと。どこかで投入した親切のコインは、やがて思いもつかないところで、あなたへのハッピーなシンクロとして返ってくる。

幸福な人とは、つねに愛と感謝の気持ちを他人に向けている人なのだ。

地球や宇宙のリズムに意識を向けて
秩序を取り戻す生活をすると、

すべてと調和してシンクロが起こりやすくなる。

この宇宙がビッグバンで誕生したとすれば全宇宙とその一部である僕ら人間は緊密に結びついている。偉大な伝説の古代文明が、例外なく天体観測とそれにもとづいた暦にひどくこだわったのも当然なのかもしれない。

遙か彼方の銀河の星々はともかく、身近な月と太陽と地球が醸《かも》し出す自然サイクルに気持ちを合わせれば、あなたも望むとおりの現実を引き寄せるシンクロの波に乗ることができる。

難しい波ではない。サーフボードもいらない。ただ、心を静かに星を眺めるだけでいいのだ。

行動しよう、

恐れるものは何もない。

この世界はあなたのイマジネーションと言葉とで形作られる。

もしあなたが心から実現したいと思うことがあるなら、その実現にいたるプロセスを詳細に描き出し、それを言葉にし、そして行動に移すと良い。

そんなことはわかっているけど実現できない、……とあなたは考えているかもしれない。いつものあなたは、実現したいことを思いつくまでは良いのだが、その瞬間にそれが実現できないであろう理由を同時にいくつも思い描いてしまうことに気づいているだろうか。

習慣化されたネガティブな思考習慣が、あなたの可能性を凍り付かせるのだ。解凍する方法は簡単である。それは行動してみることだ。

どんなに希望がない状況でも、

それを笑いに変えてしまう
チカラが人間にはある。

もし、あなたが今、どうしようもないくらい落胆し希望を失っているとしたら、そんな自分を鏡で見て、声を出して笑ってみるといい。

なぜなら、どのような経緯があろうとも、今のあなたの不愉快な状況は誰のせいでもなく、あなたの意識の深い部分から発せられた想念が現実化したものだからだ。

自分で自分を大声で笑うことで、あなたの行き詰まったイマジネーションは息を吹き返し、窮地を脱するエネルギーを得ることができるに違いない。

すべてはあなたの想念の在り方次第で変化する。

本当のリラックスとは、そのことについて

考えない、見ない、触れないことである。

ひとくちにリラックスや瞑想といっても、目を軽く閉じて単に静かに座っている状態から、深い変性意識状態までいろいろなレベルがある。あなたがもし日々不安や苛立ちに悩まされているのなら、静かに座って呼吸を深く長くする簡単な瞑想を毎日実行することをお勧めする。お腹に意識を集め、ただリラックスするだけでも、あなたの意識の中心は確実に安定し、多くの癒しが得られるに違いない。が、いかにリラックスするかについて考えてはいけない。ただ呼吸のリズムとお腹に意識を集めることが基本だ。

世の中には考える必要がないことがどれだけあることか。

すべての人生は等価であり、

真実も百人百通りである。

この世界ではたった一種類の人生ゲームが大規模に繰り広げられている。そのルールは単純だ。良い学校へ入り、良い会社に入り、より多くの消費財と資産を手にした者が勝者となる。

あなたをこのゲームへと駆り立てるものがあるとすれば、物欲と表裏一体となった自己顕示欲なのだろう。だが、すべての人生にはそれぞれの意識の進化に向けた目的があり、すべてに意味がある。それはカルマみたいなものと捉えてもいいだろう。最終的にあなたが死と呼ばれるこの物理世界を去るときに持ち出せるのは高められた意識だけである以上、誰かの預金額や資産などを参考にするのではなく、あなたの人生の「今」の充実にベストを尽くすべきだ。

奇跡とは、

あなた自身から始まる。

家庭の奇跡、友達の奇跡、学校の奇跡、会社の奇跡。そう、奇跡にもいろいろなスケールがある。そのなかでも語り継がれる奇跡とは、多くの人々の想像を遙かに上回る大成功のことをいうのだろう。

だが、それが何であれ、奇跡を引き起こす最初のチカラは、あなたのポジティブなイマジネーションであることを思い出してほしい。誰かではなく、まさしくあなたが強く望むことで奇跡は物質化する。なぜなら、あなたが知覚する現実は、非局在性という見えない糸であなたのイマジネーションと直接結びついているからだ。そう、赤い糸は存在する。

結局、
勇気を出して行動を起こさなければ、

極められるものも
極められない。

あなたを包み込む光り輝く高次意識は、日々の生活のなかであなたが一〇〇%人生ドラマを演じきるために必要なアドバイスをつねに提供している。

その意識がおしゃべりを止めて内側に向かって静穏《せいおん》であるとき、アドバイスを聴き取ることができるだろう。

そして、なによりも重要なことは、その精霊の囁きがいかに奇異なものに思えても忠実に実行に移すことである。

勇気と決意を持ってアドバイスを実行に移すとき、あなたの人生の展開は大きく変わるはずだ。

それは、受からないと言われていた試験の合格通知がきたときのように、驚きと共に喜びに満ち溢れていることだろう。

小さな達成感を
繰り返し味わっているうちに
最終目標を達成してしまう。

そういうプランを立てれば
人は挫折しにくい。

小さく始めて大きく育てる。ビジネスの成功の秘訣としてよく語られる言葉だ。

人生にも同じことが言えるかもしれない。ただし、その場合は空間概念を時間概念に置き換えてみることが必要だ。

つまり未来の大きな達成というスケールに注目するのではなく、あなたの毎日を満たす毎瞬毎秒の充実に注目するということだ。

毎瞬毎秒という小さな行動ユニットに全力を尽くし、意識を集めることによって、あなたの生活は質を高め、いつのまにか大きな達成を手に入れている自分に気づくだろう。

小さい一歩でも、歩き続ければ、いつかは世界を一周できる。

二〇%の当事者になるか、

八〇％の傍観者になるか。

イタリアの経済学者パレートが提唱した20：80の法則というものがある。全体の利益の八〇％が、二〇％の商品あるいは顧客から生み出されるというものだ。人生にも同じようなパターンがある。

地域や学校や企業などでも、二〇％の人が積極的に活動して方向性を決め、残りの八〇％の人は傍観者となる。あなたはどちらだろうか。

もしあなたが八〇％の傍観者側に立っているとしたら、きっと自分の人生についても決定権を手放しているに違いない。あなたの人生はあなたが主役なのだから、結果がどうであれ今この瞬間からベストを尽くそうではないか。

何かを得たいと思うなら、

まず手持ちの荷物を手放さなければならない。

あなたは気づいていないかもしれないが、あなたにとって最大の荷物はあなたの意識を支配する否定的な考え方だ。

この世界ではすべてを否定から始めるというアプローチが多い。それが友達であっても、仕事であっても、買い物であっても、愛であっても、ともかく欠点を探して裁くところから理解が始まる。そしてあなたの最大の問題は、自分自身に対しても否定と審判を持ち込んでいることだ。忠実な機械のように絶えずあなたを否定し、裁き続けるあなたのなかの「荷物」に、そろそろ立ち退いてもらったらどうだろう。

真実はつねに
白でもなく黒でもなく

灰色に存在する。

家庭でも学校でも会社でも、いつも良い子でいたいと願うあなたは、いつのまにか周囲の無意識の要求を読み取る才能に長けてしまったのではないだろうか。

幼いときは両親の要求に応え、学校へ行けば先生やクラスメイトの要求に応え、仕事先でもまた上司や同僚の要求に応えるあなたは、いつも相手の意向に対して建前としてのイエスか、本音としてのノーという二つの選択肢しか思いつかなかったに違いない。相手の意向を受け入れれば良い子として愛され、拒絶すればあなたはすべてを失う。

だが、人生の真実はいつだってイエスとノーの間、グレーゾーンにあるのだ。

真実はパンダ柄ではない。

スピリチュアルな生き方に、

スピリチュアルな知識は必ずしも必要ではない。

僕らの身体を含む物質世界は、実在という大きなリアリティのほんの一部でしかない。それを理解することがスピリチュアルな生き方の基本だろう。

肉体はいわば三次元宇宙服といったところだろうか。そう、われわれ人間の本質は、多次元にわたって活動する〝意識〟というエネルギー体であるといってもいいかもしれない。

神秘のベールに覆われ複雑な教義や儀式に頼らなくとも、あなたが内側の静寂に耳を澄ませさえすれば、泳いでいる鮭をキャッチする熊のように必要な情報が意識の内外からやってくる。

自分の立ち位置で
ベストを尽くせば、
悩みに費やすエネルギーは減少し、

意味のない後悔や不安から解放されていく。

現代に生きるヤキインディアンのナワール（呪術師）として知られるドン・ミゲル・ルイスは、幸福に生きるためのいくつかの条件のひとつとして、今という瞬間にベストを尽くせと教えている。シンプルで強力な教えだ。

ナワールの世界観では、僕らが知覚する一見堅牢《けんろう》なこの世界は、僕らの意識が投影するイマジネーションの織物であるのだろう。

ともかく僕らは自分の創り出す自分の現実に責任があるという。毎瞬毎秒の自分に全力を尽くせば、投影するイマジネーションに不満や不安、言い訳をするエゴが忍び込む余地がなくなり、自動的にあなたの知覚する世界は悩みから解放される。

研ぎ澄まされた刀は、簡単に折れはしないはずだ。

肯定か否定か、
選択肢が

二つしかない語りかけには嘘が含まれている。

信じるのか？　信じないのか？　相手を支配し操作しようと考える人は、必ず二者択一を迫ってくる。

その選択のテーマが何であれ、正解はそこには存在しない。二択という枠組みの設定自体がすでに間違っているからだ。この世界にはつねに無限の選択肢と可能性があり、選択肢を二つに絞るためには沢山の選択可能性を切り捨てているか、隠しているかのどちらかだろうと思う。

もしあなたがそんな場面に出会ったら、第三の選択肢を探して二択という偽りの外に出るのが正しい選択だ。

誰かの人生を真似ようとするより、

自分の人生ゲームの完璧なプレイヤーになる。

あなたは自分の進むべき人生を考えるとき、無意識のうちに誰かの人生を真似ようとしてはいないだろうか。この地上には、誰もが一人にひとつずつ人生ゲームの構想を持って生まれてきている。

あなたにはあなただけのユニークな人生ゲームがあり、生まれた環境も、身体も能力も性格も、すべてそのゲーム体験を全うするにふさわしいものを選択しているのだ。

初めはゲームのテーマも条件も異なる誰か手近な人生サンプルを表面的に真似てもいいかもしれない。しかしそろそろ、自分の人生のプレイヤーに徹してはどうだろうか。

あなたが幸福になれば

世界も癒される。

僕らが生きるこの世界は、愛と信頼ではなく、恐れと猜疑心を基本にしている。

人と人の関係も、互いの共通性よりもまず互いの違いを探し出す。新しい提案に対しては、良いところよりも欠点を探すところから話が始まる。今この瞬間、世界のあらゆる場所で繰り広げられている大小の争いも、同じ問題の相似形だ。

もし、あなたが、地上の平和と実り豊かな未来を願うなら、まずあなたの心のなかの恐れと猜疑心を癒すべきだ。あなたの癒しは世界中の人へひろがり、やがて世界を癒す大きな流れの一部になる。

あなたが向けた笑顔が、最終的に戦争を終わらせることだってありえる話だ。

期待はしていない、

けれど確信はしている。

瞑想テクニックをマスターする過程で一番難しいのが顕在意識《けんざいいしき》のコントロールだ。なにしろ、顕在意識は瞑想をしようとする意図そのものを握っている。にもかかわらず、顕在意識の内的対話を止めようというのだから、自己矛盾もいいところだ。

一部のスピリチュアルマスターは、深い瞑想に到達するには自我を捨てよといった。だが、現代の新しいシャーマンともいえるハンク・ウェッセルマンが指摘するように、深い瞑想を経て自己を超越しようとする意図は、その自我が握っているのだ。

この矛盾を超える鍵、それは期待を捨てて確信することなのではないだろうか。

他人の視線で生きてしまう
自分を発見できれば、

人生の悩みの半分は解決できる。

生活や仕事のある場面で、家族や友人や同僚が望むようにふるまうことは、ある意味崇高な行為なのかもしれない。

だが、あなたが人生を組み立てるにあたって、他人の視線に映る自分を最優先するのは間違いだ。あなたは他人という曇った鏡を一生懸命にのぞき込み、よく見えない自己像を求めて葛藤の海に沈む。

そう、人生の悩みの大きな原因はそこにあるのだ。本当のあなたではなく、あなたが想像したどこの誰かもわからない匿名の他人の視線を恐れて偽りの自分を演じている。すると、あなたは決して満たされることのない自尊心を追い求めて一生を浪費することになるのだ。今、それに終わりを告げよう。

この世界で
あなたが所有権を主張できるのは、

進化を続けるあなたの「意識」だけだ。

この世界であなたは人生競争ゲームに参加している。上手に競争に勝ち残った人には、おしゃれな服や家具、クルマや家、金融資産が与えられる。オプションは他人への支配権だ。しかし、いくら競争に勝ち続け、抱えきれない、使い切れない資産を所有しても、あなたの不安は増していく。それは、あなたという顕在意識を包み込む高次意識からの囁きが聞こえるからだ。この世界を去るときには何一つ持ち出すことはできない、と。

もちろん、この物質世界では物質は重要な要素だが、人間は三次元を超えて旅をする意識体である。この世界での最終成果物は物質ではなく、高められた意識だろう。

まだ収入が少ないサラリーマンのプロポーズのような発言ではあるかもしれないが言おう……。お金よりも大切なものが、確かにこの世にはあるのだ。

人は自分が望むことだけを

見て聴いて理解する。

同じ体験をしたはずなのに、後になって話を聞くと、お互いにまるで違うＴＶドラマを見ていたかのように食い違う。そんな経験があなたにもあると思う。

人間は自分の意識が受け取ったものだけを理解する。それ以外は記憶に残らないのだ。さしずめ、全員がなんらかの催眠状態にあるようなものだ。

このまま、あなたが周囲とのコミュニケーションギャップを感じているとしたら、合意のない違う夢を見ているからだ。このジレンマを脱するには、あなたがまず催眠のなかにいる自分を発見する必要がある。

夢の世界も悪くないが、覚醒した状態で人生を体験するのはもっと楽しい。

今、目覚まし時計は鳴っている。あとは起きるだけだ。

We are all one.

私たちはすべてひとつである。

アーノルド・ミンデルは、この宇宙がビッグバンによって誕生したとすれば、全宇宙とわれわれ人間、またわれわれ人間同士も量子力学でいう非局在性によって結びついているという。

そう、全宇宙と地上に生きとし生けるもの、そして僕ら人間はすべて直接つながっているということだ。僕らはこの世のすべての存在と心を通わせることができる。ある意味この地球上にいるのは、ただ一人、あなただけなのだ。人と争うことは、自分の右手と左手でジャンケンをするようなもの。

今、あなたの目の前に映っているすべてのものは自分だ、と考えると少し違った感覚で生きることができるのではないだろうか。

すべては変わり、
すべては過ぎ去る。

僕らの生きるこの時代は難しい時代だ。だが、刺激的でもある。あと千年は続くと思った物質文明が壁に突き当たり、方向転換を迫られている。いや、正確には転換を迫られているのは古典物理学的な世界観、還元主義というものだ。

トランス・パーソナルの論客ケン・ウィルバーが指摘するように、これまで支配的だった既存宗教はすべてこの物質文明を退歩、あるいは堕落として考えていた。だが、僕らは今、その物質主義を通り過ぎて新しいスピリチュアリティを取り戻そうとしている。

文明は一巡りを終えようとしているのだ。その新しいスピリチュアリティとは、量子力学的な世界観だ。物質性を突き詰めたら壁が崩れ、精神性の別の局面に到達したというわけだ。人間の意識、つまり精神性は時間を超えた多次元的なエネルギー現象の一部であることに気づいたのだ。

すべては変わり、限られた帯域幅《たいいきはば》に狭められていた僕らの視野は一挙にひろがろうとしている。この新しい時代にあなたとともに生きている僕は幸せだ。ともに新しい世界を創りあげよう。

前書きで触れた僕の「易経」の本は、今では表紙がボロボロで背表紙は崩れかけ、まるで無名の芸術家の墓のようにひっそりと本棚の一番下の段の奥で眠っている。いつから使わなくなったのかは忘れたが、迷ったときには内なる声に耳を澄ますという瞑想習慣を得たことと、自分に起こるどのような出来事もすべて自分の選択であり、すべてを肯定的に受けとめるというスタンスができてからだと思う。

どのようなことも肯定的に捉えるというアプローチは、知識としては以前から知っていたが、本当に実践できるまでには随分と時間がかかった。言葉の上ではひどく簡単そうに思えるのだが、その実践には確固たる意思と忍耐が必要になる。しかし、ひとたび実践できるようになってからは、どんなツールをも必要としなくなった。

例えば、試合に負けても、財布を落としても、客観的には不幸と呼ばれる状態のなかでも、僕は幸福感のなかに居続けた。幸福とは言いすぎかもしれないが、少なくとも不幸や犠牲者にはならなかった。

本書では自分に起こる出来事をすべて肯定的に受けとめるという観点を主要なテーマとして繰り返し扱っているが、それは、この世界は個々の意識の投影物であり、知覚される出来事には常にポジティブとネガティブの両面があり、自分が価値判断するまでは中立であるというところに根ざしている。どんな体験でも、そこから良い結果を引き出すか悪い結果を引き出すかは、結局本人次第なのだということだ。

さまざまな予言者やスピリチュアルガイドが、僕らが生きるこの時代を、古い文明の終わりと新しい文明の始まりの転換期であるとしてきた。そして、そこでは例外なく新しい文明への移行には、精神文化の大きな変化が求められているとも語っている。

これまでの文明が一貫した物質主義と分離主義、つまり精神と物質、あるいは客観的な実在とは無関係であり、人間一人ひとりは分離された存在であるとするスタンスの徹底追求であったとすれば、いま僕らが求められているのは新しい精神主義、つまり人間の意識活動をエネルギー現象としてとらえ、意識と客観的実在とはさまざまなレベルで密に結びつき、僕らのすべては高次レベルで響き合っているという考え方なのだと思う。

卓越した心理療法を生み出した元物理学者のアーノルド・ミンデルを

意識するとすれば量子論的な人間観、宇宙観ということだろうか。

しかし、これまではそうした宇宙観を日常レベルにまで適用するための適切なガイドというか、かみ砕いた説明というものが案外少なかったように思う。本書は微力ながらそうした案内のひとつとして貢献したいという僕なりの提案だ。

あなたも、これから起きるすべての出来事を自分の意識の鏡として肯定的に捉えるという新しい世界の確立に向かって、獲物を狙うライオンのように躊躇《ちゅうちょ》なく突進してもらいたい。

そしてこの本で語っていることが、あなたにとって空気のような概念になり、どこかの本棚でゆっくり眠りにつけるようにしてもらえればうれしい限りだ。この本もそれを望んでいる。

須藤元気

著者紹介　須《す》藤《どう》元《げん》気《き》

一九七八年東京生まれ。格闘家として活躍していたが、二〇〇六年突如リング上で引退を表明。現役時から役者、モデル、書道展入選などマルチに活躍。著書『幸福論』『風の谷のあの人と結婚する方法』『神はテーブルクロス』『レボリューション』『バシャール　スドウゲンキ』が相次いでベストセラーになるなど、現在は主に作家として活動している。

無《む》意《い》識《しき》はいつも君《きみ》に語《かた》りかける

二〇〇八年四月一二日　第一刷発行
二〇〇八年五月　七　日　第三刷発行

著者　須藤元気
発行者　石﨑　孟
発行所　株式会社マガジンハウス
〒一〇四－八〇〇三
東京都中央区銀座三－一三－一〇
電話　〇四九－二七五－一八一一（受注センター）
〇三－三五四五－七〇三〇（書籍編集部）
印刷・製本所　東京書籍印刷株式会社
乱丁・落丁本は小社書籍営業部宛にお送りください。
送料小社負担にてお取り替えいたします。
定価はカバーと帯に表示してあります。

ISBN978-4-8387-1856-6 C0095